Así es como diriges a tu oficinista como un jefe amistoso

Contenido

Cómo liderar a su oficinista como un jefe amistoso 1

PRESENTACIÓN 3

¿Cómo manejas a la gente? 3

Por supuesto, los siguientes consejos de liderazgo son solo la punta del iceberg. Como todo en la vida, esta situación requiere práctica real porque la teoría por sí sola no es suficiente. 12

1. Priorice la gestión de su propia carga de trabajo. 13

Gestión directa de personas 13

Sé amable. 15

adquirir habilidades gerenciales 15

Descubre quién es quién. ....dieciséis

Tómese el tiempo para descubrir las cualidades particulares de sus empleados. 19

Asignar tareas 21

Coaching en la gestión de RRHH 22

Reconoce la situación en la que te encuentras 23

ser respetuoso 24

admitir la realidad 25

Promoción de asociaciones de tutoría 25

Se deben demostrar fuertes habilidades para la toma de decisiones. 26

Fomentar el trabajo en equipo 26

Use reuniones individuales para desarrollar y resolver problemas estratégicos. 27

Comprobar conversación 29

30 flujos de trabajo lógicos ....

Gestión tolerante del personal 31

Contratar a las personas adecuadas 32

Que el individuo corrija su propio error. 34

protege a tu gente 34

Da esperanza conocer a sus empleados. 35

Presta especial atención a tus empleados. 36

Haga que sea la norma recibir retroalimentación continua. 37

Crea metas claras. 39

Sea honesto y discuta el futuro. 41

Todos los miembros del equipo deben recibir un pago justo. 42

Reclamar culpabilidad total. 44

Cumplimiento de los valores límite 44

Manténgase en contacto después de que el empleado se vaya 45

INTRODUCCIÓN

¿Cómo manejas a la gente?

El proceso de organización, gestión y desarrollo del lado de los empleados de una empresa se conoce como gestión de recursos humanos. Apoyar el trabajo de todo un equipo, así como su bienestar, compromiso y progreso son parte de las responsabilidades de los roles de liderazgo.

Asegurar que todos se sientan escuchados, comprendidos, respaldados y brindarles los recursos que necesitan para prosperar, al mismo tiempo que garantizan que tengan éxito de acuerdo con las métricas de la empresa, es más que crear y asignar tareas, dice Tile.

Esta es una solicitud bastante difícil, especialmente para aquellos con múltiples informes directos. Las entrevistas individuales semanales, las reuniones de equipo y la revisión de los informes semanales de cada miembro del equipo se suman rápidamente. Además, como jugador de equipo, puede resultarle particularmente difícil encontrar el equilibrio entre sus necesidades personales y las de su equipo. Ejemplos de tales requisitos son el tiempo de concentración, la organización y el desarrollo profesional.

Aquí hay siete sugerencias para nuevos gerentes, que incluyen dónde obtener ayuda, cómo cultivar una actitud positiva y cómo liderar con compasión.

Algunas personas son empujadas a la gestión, mientras que otras nacen en ella. Elegir el tipo de gerente que desea ser en su nuevo rol es uno de los primeros pasos, independientemente de la ruta que elija para realizar reuniones individuales semanales.

"Como nuevo gerente, desea evitar convertirse en un amante de las personas. Además de eso, trata de no ser rígido", explicó Piranha Tile, productora sénior de City Cast DC. Se conoce como gestión de personas e incluye la contratación, capacitación y fomento del crecimiento de los miembros de su equipo.

A lo largo de sus carreras, las experiencias de los empleados están fuertemente influenciadas por la gerencia. El rendimiento y la retención de los empleados están muy influenciados por las actitudes y prácticas de la gerencia, especialmente cuando se trata de lidiar con el cambio.

La gestión de personas y el liderazgo tienen mucho en común, y los gerentes efectivos también son líderes efectivos. Sin embargo, hay algunos cambios significativos. Los gerentes suelen estar más preocupados por las operaciones del día a día, mientras que los ejecutivos suelen desempeñar un papel más estratégico.

Puede ser difícil encontrar un gerente de recursos humanos competente con las cualidades adecuadas. Todo el mundo quiere seguir a un líder competente, confiado y decidido.

Pero, ¿cómo tratas a esta persona? ¿Cuáles son las condiciones para mantener este puesto? ¿Qué sucede si recién está comenzando y tiene poca experiencia en administración?

Muchos de mis alumnos son líderes en ciernes o acaban de empezar a recibir informes de personas. La mayoría de las veces, estas personas realmente se preocupan por sus empleados y quieren aprender a servirles mejor.

Al principio, lo más importante es la sinceridad del trato. A partir de ahí, desarrollamos habilidades y conocimientos para convertirnos en gerentes de recursos humanos verdaderamente exitosos, solidarios y agradables.

Encontrar ese equilibrio puede ser difícil, contrario a la intuición y confuso. Incluso los gerentes excepcionales necesitan apoyo y estructura para tener éxito. Aunque las habilidades gerenciales a menudo toman tiempo para perfeccionarse, no se desarrollan milagrosamente por sí solas.

Desarrollar sus habilidades gerenciales es clave para desbloquear el potencial en el lugar de trabajo y ayudar a su equipo a alcanzar sus objetivos. Puede ser difícil asegurarse de que todos los involucrados en un proyecto trabajen bien como equipo y completen sus tareas de manera eficiente. Sin embargo, hay una serie de prácticas recomendadas que puede utilizar para mejorar sus habilidades de gestión cuando trabaje con otras personas.

En este ensayo, describimos las cualidades de un buen gerente y brindamos pautas paso a paso para liderar y conducir a su equipo hacia el éxito.

Todo gerente debe tener la capacidad de liderar personas. No importa cuánto tiempo haya estado en el trabajo o qué tan nuevo sea, desarrollar esta habilidad aumentará el compromiso y la productividad de los empleados.

Sin embargo, un gerente competente puede hacer soportable una tarea difícil. Una mala gestión puede destruir un buen trabajo.

Mientras reflexiono sobre mi propia carrera, algunos ejecutivos clave de recursos humanos se destacan como excepcionales y algunos los evitaría si los conociera en una entrevista.

De hecho, mis colegas y yo creemos que los que se destacan son aquellos que se preocuparon por nuestros deseos y el éxito de nuestro negocio.

Son los jefes quienes nunca me hicieron sentir incompetente. En cambio, me instaron a tratar de sacar algo de la experiencia.

Después de 15 años de experiencia gerencial en una variedad de entornos laborales y responsabilidades, ahora comparto estos conocimientos positivos con líderes aspirantes y experimentados en cursos de posgrado en la Escuela de Negocios de Pamplona en la Universidad de Portland.

En este artículo, analizaremos los conceptos básicos de la administración de recursos humanos, los diferentes enfoques de la administración de recursos humanos y lo que puede hacer para comenzar a convertirse en un administrador de recursos humanos exitoso.

Un buen liderazgo parece una tarea fácil porque carece de métodos de alto secreto. Pero mientras que un buen liderazgo a menudo consiste en acciones simples, por la razón que sea, muchos líderes no las ponen en práctica.

Por supuesto, los siguientes consejos de liderazgo son solo la punta del iceberg. Como todo en la vida, esta situación requiere práctica real porque la teoría por sí sola no es suficiente.

- Un enfoque holístico para apoyar el trabajo, el desarrollo y el bienestar de los trabajadores es la gestión de recursos humanos.
- En puestos de liderazgo, debe encontrar un equilibrio entre proporcionar su propio trabajo y apoyar a los demás.
- Los gerentes deben usar la retroalimentación directa de sus empleados para determinar cómo crecer como líderes.

- Los cursos, mentores y otros gerentes pueden servir como fuentes de inspiración para los gerentes.

1. Priorice la gestión de su propia carga de trabajo.

Primero debe cuidarse a sí mismo antes de poder administrar el éxito de los demás. Proteja su tiempo y priorice su horario reservando una cantidad específica de tiempo cada día para concentrarse en hacer su trabajo sin distracciones. El compromiso excesivo con su equipo es un error que pueden cometer los gerentes diligentes, lo que lleva al agotamiento y reduce la efectividad de su gestión. Estarás más alerta y concentrado en tu equipo cuando te necesiten cuando te sientas cómodo con tu propio trabajo.

Gestión directa de personas

El supervisor instruye a los empleados sobre las tareas a realizar y cómo realizarlas. Este estilo de liderazgo funciona mejor cuando las actividades deben realizarse de manera rápida y eficiente según un estándar o necesidad específica, pero también puede ser una carga pesada para los empleados.

Además, funciona mejor para los trabajadores que aún se están desarrollando y en empresas o situaciones en las que las personas necesitan que se les diga explícitamente qué hacer, cómo y cuándo.

Dato curioso: la microgestión no le muestra a un empleado que te preocupas por su trabajo.

La microgestión de un empleado muestra que no confía en que ellos mismos hagan un trabajo de calidad.

Trabajar con un empleado para resolver un problema juntos es muy diferente a microgestionarlo mientras aborda sus propios problemas.

Sé amable.

Nunca pierda de vista el hecho de que las personas reales a las que atiende tienen problemas reales y experiencias reales. Para muchos líderes empresariales, los empleados son solo horas de trabajo que deben controlarse y maximizarse.

Ya sean sus colegas, amigos o trabajadores, su equipo siempre entiende quiénes son para usted. Además, una hora de trabajo nunca resolverá tus problemas.

Adquirir habilidades directivas.

Pocos de nosotros tenemos la habilidad natural para liderar, y no he visto ningún "curso de liderazgo" que realmente valga la pena. Por suerte , tenemos algo mucho mejor en forma de libro. Como líder, debe defender los intereses de su organización. Y lo hará mucho mejor si comprende la mente de la otra persona y está familiarizado con la filosofía de la negociación.

Por lo tanto, un líder debe leer la literatura. Además de la gestión, los líderes deben estudiar psicología, el funcionamiento de la mente, contratación, negociación, marketing, gestión de proyectos y economía.

Descubre quién es quién.

Conócete a ti mismo y a los miembros de tu equipo. Puedes hacerlo con la ayuda de mis cuatro figuras del patio de recreo "¿Qué clase de niño era yo en el patio de recreo?", uno podría preguntarse. La persona que

- ¿Asegurarse de que todos tuvieran la oportunidad de batear? el mediador

- Hizo una línea, ¿entonces todos contaron? El Coordinador.

- ¿Se han cambiado las reglas durante el juego? Un innovador.

- ¿Querías hacerlo a mi manera? El mazo.

Decide quién está en tu área de juegos una vez que hayas determinado tu personalidad en el área de juegos. No ignores las advertencias. El lenguaje corporal, la elección de palabras y las intenciones son claramente reconocibles en la interacción humana.

La cooperación y la comunicación son importantes para los pacificadores. Cuando otros discuten, los ojos de un empleado pueden hincharse, lo cual es una señal de alerta.

Los organizadores proceden con método y determinación. Un empleado es un organizador cuando llega a una reunión con gráficos o papeles codificados por colores.

Los revolucionarios desprecian la regularidad y prefieren la improvisación. Puedes decirle a un revolucionario preguntando: "¿De dónde viene esto?

Con una opinión fuerte y la inteligencia para abordar problemas difíciles, apisonadoras. Tienen puntos de vista contradictorios y defienden conceptos a 30.000 pies.

Tómese el tiempo para descubrir las cualidades particulares de sus empleados.

Cada uno aporta sus habilidades particulares al equipo, como la mejor manera de responder a las críticas, si se levantan temprano y su capacidad para realizar múltiples tareas. Tómese el tiempo para conocer a cada uno. Esto permite ponerles un rostro y comprender mejor su funcionamiento.

Kelly Moon, directora de contenido de Send Bird, explica: "Comparto una hoja de trabajo de descubrimiento en la que aprendemos sobre los estilos de comunicación de los demás y lo que nos motiva e inspira". Porque cada uno es único, "adapto mi estilo de liderazgo a cada individuo".

Al comprender las necesidades de sus empleados, puede comprender mejor sus acciones, inclinaciones y dificultades en el trabajo. Incluso cuando se trabaja con equipos remotos, esta sutileza puede ayudarlo a comunicar los objetivos de rendimiento de manera más efectiva y resolver mejor los problemas.

Cuando se trata de comunicación, Moon aconseja "ser realmente comunicativo desde el principio para que la gente no se confunda sobre qué esperar". También recomendó dar a los miembros del equipo la oportunidad de conocerse mejor. Construir un fuerte vínculo de equipo ayuda a mantener a todos comprometidos con la meta y resistentes frente al cambio o la incertidumbre. Por lo tanto, es importante dar al equipo la oportunidad de pasar tiempo juntos y confiar el uno en el otro.

asignar tareas

En lugar de supervisar cada parte del trabajo de un proyecto, puede concentrarse en tareas de administración de nivel superior aprendiendo a delegar tareas importantes a otros. Después de obtener una mejor comprensión de las fortalezas, debilidades, experiencias y talentos de cada miembro del equipo, puede asignar tareas a aquellos que tienen más probabilidades de completarlas de manera eficiente y a tiempo. Al asignar tareas, es importante establecer expectativas claras para cada empleado y asegurarse de que confíen en su capacidad para completar la parte asignada del proyecto. Puede mostrarle a la gente que tiene confianza en sus habilidades asignándoles tareas que los hagan sentir involucrados en el éxito del proyecto.

coaching en gestión de rrhh

El gerente ayuda a los empleados a lograr los resultados requeridos dándoles instrucciones claras y detalladas. Este enfoque de gestión funciona bien para enseñar a las personas ciertos hábitos y normas culturales, de modo que el jefe pueda ser menos directivo y más solidario.

Cuando las personas altamente capacitadas se mudan a una nueva cultura o situación comercial, el enfoque de coaching es útil para ayudarlos a adoptar ciertos hábitos.

Reconoce la situación en la que te encuentras

Solo a través de la experiencia se puede ganar autoridad. Todos los gerentes, independientemente de su posición, deben tener un conocimiento profundo de los asuntos que supervisan.

Por ejemplo, si desea liderar un equipo de desarrollo, debe tener una buena comprensión de las herramientas, las API, las tablas, las funciones y la complejidad de los algoritmos. Idealmente, ha trabajado como desarrollador en el pasado. Es comprensible por qué Mark Zuckerberg y Sergey Bring tuvieron tanto éxito en la gestión de empresas de TI, ya que podían comunicarse con los clientes en su propio idioma.

Incluso si su equipo usa muchos lenguajes de programación y no comprende completamente todas las complejidades de estos lenguajes, debe poder comprender su código y conocer los marcos más importantes.

No podrá evaluar con precisión la velocidad, el riesgo o el costo si no sabe exactamente lo que está administrando.

Sea respetuoso El respeto comienza con el jefe. Hola y gracias son importantes saludos. Ser respetuoso:

Generar ideas con pacificadores.
Dé a los organizadores trabajo que tenga fechas límite y sea importante.
Dar tareas urgentes a los revolucionarios.
Pregunta por las vistas de la apisonadora.
admitir la realidad . Haga preguntas, prepárese para aprender y evite detener las conversaciones demasiado pronto, porque no todos recopilan información de la misma manera que usted. Si cree que tiene toda la información, confírmela preguntando nuevamente.

Fomentar las asociaciones de tutoría

Debe intentar desarrollar una relación de tutoría con sus empleados si desea mejorar como líder. Un mentor efectivo incluye establecer objetivos de desarrollo a largo plazo, brindar asesoramiento y orientación profesional y ayudar a sus empleados a identificar oportunidades de avance profesional.

Se deben demostrar fuertes habilidades para la toma de decisiones.

Cuando se trata de disputas o decisiones en el lugar de trabajo, los gerentes suelen tener la última palabra. Tomar decisiones imparciales, independientemente de los miembros del equipo involucrados, debe ser uno de sus objetivos a medida que se esfuerza por convertirse en un mejor gerente.

promover el trabajo en equipo

Un gerente exitoso es consciente de que su éxito depende de la cooperación del equipo. Debe hacer algo más que hacer que su equipo trabaje como una unidad para mejorar como gerente. Debe esforzarse por mejorar la posición de su equipo dentro de la organización. El uso de técnicas imparciales para evaluar el desempeño de los miembros del equipo y resolver cualquier conflicto que pueda surgir debe ser parte de las actividades de desarrollo de su equipo.

Use reuniones individuales para desarrollar y resolver problemas estratégicos.

Si bien puede ser tentador, el tiempo cara a cara se utiliza mejor para conversaciones importantes que como una lista de verificación de tareas en curso.

"Las reuniones uno a uno nos brindan el espacio para hablar sobre el panorama general, como si nuestro proceso de producción funciona o no y cómo podríamos revisarlo", dijo Tile. "Las reuniones individuales semanales se empantanarían en esas cosas si no hiciéramos las cosas pequeñas todos los días".

Sea más diligente en el uso de su tiempo de sincronización, especialmente si tiene más de un informe directo, siempre que tenga otras formas de comunicar el estado del proyecto (por ejemplo, actualizaciones semanales de Lattice y Slack, o plataformas de gestión de proyectos como Jeri, Asana o Trellis).

Durante estas sesiones individuales, Tilde dice: "Identificamos los problemas que tienen las personas (especialmente los relacionados con la amenaza del agotamiento) y luego encontramos formas de aliviarlos o evitar que se conviertan en un problema en primer lugar". "Ver que estas soluciones se hacen realidad ha sido realmente gratificante".

Asegúrese de tomarse el tiempo para discutir juntos los patrones más grandes que surgen en su flujo de trabajo y las aspiraciones profesionales de los miembros de su equipo. "¿Cómo puedo apoyarlos? ¿Cuáles fueron los éxitos, qué funcionó o no? dijo Luna. Entonces tienen un ambiente seguro donde pueden ser abiertos y honestos y podemos resolver problemas juntos.

Puede organizar sus debates semanales utilizando nuestro formulario de agenda de reuniones individuales.

Controla la conversación

Tome la iniciativa cuando hable con otros haciendo preguntas, recibiendo actualizaciones y planteando inquietudes, en lugar de esperar a que otros miembros del equipo lo hagan. Explique cómo los miembros del equipo deben interactuar entre sí y con usted cuando asumen por primera vez sus responsabilidades de gestión, ya sean formales o informales. Identifique las principales líneas de comunicación, como servidores de correo o chat, para que todos sepan qué hacer si algo sale mal. Comuníquese con su equipo tanto de manera colectiva como privada para ver cómo les está yendo y alentar el diálogo honesto como una forma de resolver los problemas.

Encuentre flujos de trabajo lógicos

Cree un mapa de proceso de flujo de trabajo que muestre los roles que cada miembro del equipo asume para completar un proyecto. Puede esperar más de cada persona cuando tiene claras sus responsabilidades específicas y cómo se relacionan con el proyecto en su conjunto. También puede usarlo para crear un horario realista para que lo sigan los empleados. La gestión de personas sin comprender el proceso del proyecto puede crear confusión y demoras, lo que le impide identificar rápidamente la causa raíz de los problemas que surgen.

Gestión tolerante del personal.
Los empleados reciben dirección y apoyo de la gerencia, pero son libres de elegir sus propias acciones, incluido el seguimiento de los resultados.

Cuando hay múltiples "respuestas correctas" y los empleados son competentes y capaces de llegar a una conclusión positiva en un contexto u organización determinado, este enfoque suele ser más beneficioso para la fuerza laboral y puede conducir a mejores resultados.

Contrata a las personas adecuadas

El éxito de una organización depende de la selección de las personas adecuadas. Tomar la decisión equivocada al contratar a alguien puede desperdiciar tiempo y esfuerzo que podría haberse ahorrado si hubiera tomado la decisión correcta la primera vez.

Pero, ¿cómo saber si alguien es capaz? La mejor manera de encontrar al candidato perfecto es realizar una entrevista que incluya preguntas técnicas y no técnicas sobre sus antecedentes, objetivos y creencias, así como preguntas sobre su empresa o industria . Esto puede ayudarlo a determinar si sería una buena adición a su equipo.

Si bien no hay ningún secreto para encontrar al candidato adecuado, he logrado identificar los comportamientos necesarios para el trabajo, entrevistar a los candidatos sobre esos comportamientos e involucrar a los miembros del equipo que trabajan en estrecha colaboración con el nuevo empleado, incluso si no son directamente parte de mi equipo, en el proceso de entrevista.

Recuerde este consejo: contrate despacio y despida rápidamente. Si toma una mala decisión de contratación, trate de deshacerse de ella rápidamente para encontrar al candidato perfecto que respalde los objetivos de su equipo y de la empresa.

Deje que el individuo corrija su propio error.

No es necesario desacreditar a un empleado para demostrar su "genialidad". Lo mejor es escribirle a esa persona personalmente y señalarle su error. Hable sobre la solución y deje que ellos mismos lo arreglen.

Permitir que las personas se curen a sí mismas elimina la necesidad de humillarlas públicamente. A la larga, esto mejorará mucho su trabajo.

protege a tu gente

Deben actuar como un escudo amortiguador. Nadie debería poder controlar las acciones de su equipo sin su permiso. Permita que otros lo critiquen si así lo desean y aprenderá lo que debe hacerse en su negocio.

Da esperanza conocer a sus empleados.

Al menos debe conocer los nombres de pila de sus empleados. Esto se aplica independientemente del tamaño de su negocio. Además, debe conocer sus pasatiempos e intereses fuera del trabajo. Es importante conocer a sus empleados porque le ayudará a comprender mejor cómo realizan su trabajo. Asegurarse de que su nivel de atención sea aceptable también puede ayudar a sus empleados a sentirse valorados.

Presta especial atención a tus empleados.

A la regla anterior le sigue esta. Podrá tratar a cada empleado como un individuo después de conocerlos. La estrategia que utilice debe basarse en las diferentes habilidades, preferencias y necesidades de desarrollo de sus empleados. Para liderar a las personas de manera efectiva, debe centrarse en cada persona como individuo y adaptar su estrategia a sus necesidades.

Haga que sea la norma recibir retroalimentación continua.

Aunque se trata de un regalo, los comentarios no son responsabilidad exclusiva del remitente. Es responsabilidad de la gerencia crear una atmósfera confiable y segura en la que los empleados puedan expresar libremente sus inquietudes.

Cuanto más espacio pueda darle, mejor, dijo Trevor Sutlej, gerente de ventas corporativas de Jabot, "Es muy difícil dar comentarios abiertos y directos". Cuanto más pueda obtener un sistema de retroalimentación tan abierto, más cómodo se sentirá.

Cada semana, solicita comentarios específicos durante sus entrevistas individuales, una práctica que atribuye a su socio, quien ha sido reclutador de empresas durante seis años. Él dijo: " Simplemente pretenden ser discusiones abiertas, de ida y vuelta. Siempre les pregunto verbalmente si no lo completan en la actualización de la red".

No tenga miedo de dar una retroalimentación honesta. Esto ayudará a su equipo a desarrollar habilidades de retroalimentación entre sí y creará una atmósfera de trabajo más positiva que cuando los problemas están bajo control. Según Moon, hacer preguntas efectivas es clave para obtener comentarios prácticos y procesables de un nuevo equipo.

Debido a que es demasiado abierta, la pregunta "¿Crees que soy un buen gerente?" no tiene respuesta no es uno que provoque una respuesta reflexiva, según Moon. En su lugar, busque comentarios sobre elementos más específicos de su estilo de liderazgo, como: Por ejemplo, cómo interactúa o brinda información con otros, cómo dirige discusiones o reuniones, y si brinda oportunidades para que otros se sientan desafiados e inspirados.

Crea metas claras.

Establezca objetivos, individualmente y en equipo, para guiar sus esfuerzos de gestión. Establecer objetivos al comienzo de un proyecto le brinda dirección como líder y permite que todos presten atención al impacto de sus acciones en el éxito de un proyecto o iniciativa. Anote cada objetivo para que tenga un registro al que referirse cuando evalúe el progreso del proyecto en hitos clave. Discuta con su grupo qué acciones debe tomar cada miembro del equipo para lograr sus objetivos y dé a todos la oportunidad de hacer preguntas y hacer recomendaciones sobre cómo lograr los objetivos de su equipo.

Solucione el bajo rendimiento de inmediato

Cuando se trata de lidiar con empleados de bajo rendimiento, el tiempo es clave. Informar inmediatamente a los empleados sobre su bajo rendimiento.

Para cuando usted, el gerente, se entere, es más probable que otros se vean afectados y, en el peor de los casos, el bienestar de algunos empleados esté en riesgo. Los problemas de rendimiento pueden escalar si no se abordan de inmediato, y un empleado de bajo rendimiento puede volverse tóxico e infectar a su equipo y a toda la organización.

Los ejemplos de desempeño deficiente de los empleados incluyen empleados que constantemente no cumplen con los plazos o se desempeñan mal, se comportan de manera disruptiva u hostil, o carecen de compromiso o motivación.

Sea honesto y discuta el futuro.
Sea honesto en todo momento. Diles la verdad cuando el proyecto se quede sin fondos y esté a punto de ser abandonado. No anteponga a las personas a los hechos cuando

hay una intención de cambiar algo; En su lugar, infórmeles a todos con anticipación.

No se quede callado si la empresa tiene planes de reducción de personal. Es mejor admitir después del hecho que los planes no funcionaron que culpar a los individuos por adelantado. También hágales saber si la empresa tiene la intención de aumentar el salario de todos. Aumenta la vinculación al mismo tiempo que promueve la confianza. Sin mencionar que los equipos de liderazgo abierto a menudo tienen una cultura superior.

Los empleados deben estar informados sobre lo que sucede en la empresa, y preferiblemente por sí mismos.

Todos los miembros del equipo deben recibir un pago justo.

No siempre es posible pagar a los empleados los salarios más altos disponibles. Siempre habrá una empresa que ofrezca más salarios y un trabajador que gane más dinero. Sin embargo, para que los empleados sientan que son de suficiente valor para usted y su empresa, deben reconocer que su compensación es justa para su empresa.

Utilizo el siguiente enfoque para determinar si los salarios son justos o no: imagine el día en que la empresa publica todos los salarios al público. ¿Me sentiré avergonzado frente a un compañero de equipo? Si es así, su salario debe ajustarse porque no es lo suficientemente alto.

Así es como funcionan los salarios altos. ¿Es realmente una buena idea cuando alguien está ganando mucho más dinero de lo que piensan los miembros del equipo? ¿Qué pasa si la contraseña?

Reclamar culpabilidad total.

Como gerente, usted es responsable de todo lo que sucede. Solo cuando haya asumido toda la responsabilidad por el error, podrá determinar internamente lo que debe hacerse en el equipo.

Quien realmente tiene la culpa puede no importarles a los de afuera, pero los de adentro necesitan sentirse seguros y cuidados. El equipo debe sentir que incluso si la persona que cometió el error finalmente es despedida, no fue bajo coacción, sino después de una cuidadosa consideración y razonamiento interno.

respeto por las fronteras

No interfiera con el tiempo o el espacio personal de sus empleados. No promueva agresivamente las actividades de formación de equipos. Incluso sin su "vamos hoy", la gente todavía querría interactuar fuera del lugar de trabajo.

El tiempo de vacaciones es venerado. Si una persona necesita que la llamen con frecuencia mientras está de vacaciones, algo anda mal.

Manténgase en contacto incluso después de que el empleado se vaya

Puede estar iniciando un nuevo negocio o puede haber una vacante. Incluso si alguien ya no trabaja para usted, la comunicación debería continuar; en algunos casos, incluso debería aumentar. Trate de mantenerse en contacto con ellos, ya que es posible que necesite algunos de ellos en el futuro.

Comuníquese con ellos periódicamente para ver cómo les va y si les gustaría volver. Alguien puede sentirse avergonzado de pedirle que considere regresar porque no está contento con su nuevo trabajo.

<u>BUENA LECTURA</u>

www.ingramcontent.com/pod-product-compliance
Lightning Source LLC
Chambersburg PA
CBHW071003260726
48661CB00007B/2769